PiRi

Fördermaterial Rechtschreiben 3/4

Erarbeitet von
Angelika Gadow und
Ute Schimmler

Ernst Klett Verlag
Stuttgart · Leipzig

Inhalt

Großschreibung 1

Nomen

Nomen sind Namen für Lebewesen und Dinge.
Nomen werden großgeschrieben.
Oft kann man sie in die *Mehrzahl (den Plural)* setzen.

1. Finde die Nomen und schreibe sie auf.

BUCH KIND KALT DUNKEL BLUME GEHEN WOLKE SCHENKT
FREUND KANN ALT LIEST HUND FRAU AUTO TISCH ROSE

2. Schreibe die Nomen mit der Mehrzahl (dem Plural) in dein Heft.

3. Denke dir zu jedem Nomen einen Satz aus und schreibe ihn in dein Heft.

4. Bilde Nomen aus den Silben und schreibe sie auf. Kontrolliere mit der Wörterliste.

SCHAU EI AU BAU SEN HAM TO
MANN PFERD KEL BAHN STEIN PEL

5. Schreibe die Nomen mit der Mehrzahl in dein Heft.

Nomen finden, Pluralformen aufschreiben, Sätze ausdenken; Silben zu Nomen verbinden und Pluralformen dazuschreiben

Nomen haben einen *Artikel: der, die* oder *das.*

1. Schreibe die Nomen zu den Bildern mit Artikel auf. Kontrolliere mit der Wörterliste.

2. Schreibe die Nomen in deinem Heft in eine Tabelle.

Tiere	Schulsachen
die Katze	

3. In diesem Kasten sind Nomen versteckt. Schreibe sie mit Artikel auf und markiere den großen Anfangsbuchstaben.

E	W	A	N	N	E	T	I	S	C	H
K	A	N	N	E	L	E	A	F	F	E
F	A	H	A	U	S	N	T	H	A	S
G	I	R	A	F	F	E	M	A	U	S
E	F	I	S	C	H	P	F	E	R	D

4. Im Kasten bleiben Buchstaben für zwei Tiere übrig. Schreibe sie auf.

5. Schreibe die Reimwörter aus dem Kasten untereinander in dein Heft. Schreibe daneben die Mehrzahl.

Nomen mit Artikel aufschreiben, unter Oberbegriffe ordnen; Nomen in einem Suchsel finden, Reime aufschreiben, Pluralformen dazuschreiben

Großschreibung 3 — Abstrakta

Auch Namen für Gefühle und Dinge, die man nicht sehen oder anfassen kann, sind Nomen und werden großgeschrieben. Man nennt sie *Abstrakta.*
Sie haben manchmal keine Mehrzahl (Plural).

1. Unterstreiche alle Nomen. Schreibe die Abstrakta untereinander in dein Heft. Schreibe die Mehrzahl daneben. Markiere den Anfangsbuchstaben.

Lenas größter Wunsch ist ein Fahrrad. Das ist schon lange ihr Traum. Voller Neid sieht sie andere Kinder am Nachmittag fahren. Aber ihre Mutter hat Angst, dass Lena sich verletzt.

2. In dieser Schlange sind viele Abstrakta versteckt. Schreibe sie mit Artikel auf und markiere den Anfangsbuchstaben.

WUTPREISTRAUERGLÜCKZIELSPANNUNGREGELWAHLVORSICHT

____

____

____

3. Schreibe die Mehrzahl zu den Nomen auf, bei denen das möglich ist.

____

____

4. Schreibe zu den Adjektiven die Nomen mit Artikel auf.
Kontrolliere mit der Wörterliste. Markiere den Anfangsbuchstaben.

zornig – ____________________ neugierig – ____________________

spaßig – ____________________ gefährlich – ____________________

mutig – ____________________ schrecklich – ____________________

freudig – ____________________ ärgerlich – ____________________

Abstrakta mit Pluralform aus einem Text ins Heft schreiben; Abstrakta mit Artikel aufschreiben, Pluralform notieren; Nomen zu Adjektiven bilden

Großschreibung 4 — Zusammengesetzte Nomen

Nomen können mit anderen Wörtern zusammengesetzt werden.
Der zweite Wortteil ist das *Grundwort.* Nach ihm richtet sich der Artikel.

1. Schreibe die Nomen unter die Bilder. Kontrolliere mit der Wörterliste.

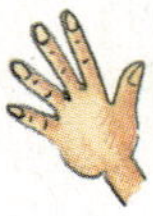

2. Setze je zwei Nomen zu einem zusammen und schreibe den Artikel dazu.
Unterstreiche das Grundwort.

3. Setze die folgenden Wörter zusammen und schreibe sie mit Artikel auf.

binden + Faden: ______

halb + Zeit: ______

laufen + Rad: ______

hoch + Bett: ______

4. Wie viele zusammengesetzte Nomen findest du in der Schlange?
Schreibe sie mit Artikel auf.

GEISTERHAUSTÜRSCHLÜSSELBLUMENKOHLSUPPE

Nomen aufschreiben und zusammensetzen; zusammengesetzte Nomen in Teile zerlegen; Pluralformen aufschreiben

Großschreibung 5 -heit, -keit

Wörter mit den Endungen *-heit* und *-keit* sind Nomen.
Sie werden großgeschrieben.

1. Bilde aus den folgenden Wörtern Nomen mit den Nachsilben -heit oder -keit.

schön – ______________________ sauber – ______________________

ähnlich – ______________________ dunkel – ______________________

krank – ______________________ tapfer – ______________________

sicher – ______________________ wirklich – ______________________

wahr – ______________________ ehrlich – ______________________

2. Schreibe mit jedem Nomen einen Satz in dein Heft.

3. Setze die passenden Wörter in den Lückentext ein und schreibe den Text in dein Heft.

Helligkeit Dunkelheit Sicherheit Ängstlichkeit
Tapferkeit Sauberkeit Feigheit Schwierigkeit Ähnlichkeit

In der ______________________ ist Anja sehr ungern allein. Es ist für sie eine große ______________________, wenn ihre Eltern nicht da sind. Anja hat Angst vor Gespenstern. ______________________ ist nicht ihre Stärke. Voller ______________________ lauscht sie auf jedes Geräusch. Erst wenn ihre Eltern kommen, fühlt sie sich in ______________________.

Nomen aus Adjektiven bilden; Sätze aufschreiben; Wörter in einen Lückentext eintragen; Text abschreiben

Großschreibung 6 — -ung, -nis

Auch Wörter mit den Endungen *-ung* und *-nis* sind Nomen
und werden großgeschrieben.

1. Bilde aus den folgenden Wörtern Nomen. Ordne sie in die Tabelle ein und markiere die großgeschriebenen Anfangsbuchstaben.

rechnen erleben erleichtern ereignen erscheinen wohnen finster
verletzen geheim entdecken hindern zeichnen gefangen erklären
erinnern erkennen erlauben drohen erzeugen wild

-ung	-nis

2. Schreibe die Wörter mit Artikel und mit ihren Mehrzahlformen in dein Heft.

Wörter durch *-ung* oder *-nis* zu Nomen machen; Nomen in Tabelle einordnen; Nomen und Pluralformen ins Heft schreiben

Großschreibung 7 Satzschlusszeichen, Satzanfänge

Das Wort am Anfang eines Satzes schreibt man groß.
Am Ende eines Satzes steht ein *Punkt*, ein *Ausrufezeichen* oder ein *Fragezeichen.*

1. Setze die passenden Satzschlusszeichen und die Anfangsbuchstaben in die folgenden Sätze ein.

2. Schreibe das Gespräch in dein Heft.
Markiere die Satzschlusszeichen und die Satzanfänge.

3. Trenne die folgenden Wortbänder in einzelne Wörter.

IMHERBSTWIRDESSCHONFRÜHDUNKELVIELETIEREBEGINNENMITDEN

VORBEREITUNGENFÜRDENWINTERKINDERLASSENIHREDRACHENSTEIGEN

WIEFINDENDIEERWACHSENENDENHERBST

4. Schreibe die Geschichte ab und setze die passenden Satzschlusszeichen.
Markiere die Satzschlusszeichen und die Satzanfänge.

____

____

____

____

Satzschlusszeichen und Satzanfänge einsetzen; Sätze zu einem sinnvollen Text verbinden und ins Heft schreiben; Satzstreifen in Wörter trennen und mit Schlusszeichen aufschreiben

Umlaute 1

E/e und *Ä/ä* klingen ähnlich.
Wörter mit *ä* kannst du oft von Wörtern mit *a* ableiten: Männer → Mann.

1. Setze E/e oder Ä/ä ein. Wenn du unsicher bist, versuche das Wort abzuleiten. Kontrolliere mit der Wörterliste.

Es ist Herbst. Die ___pfel an den ___sten der Bäume sind reif und fallen auf die ___rde.

Oft f___llt R___gen. Die Bl___tter im Weinlaub an den W___nden f___rben sich rot.

Tiere suchen sich Pl___tze zum Überwintern. Der Igel schl___ft im Laubhaufen.

Es wird k___lter.

2. Suche zu den Wörtern mit ä ein verwandtes Wort mit a und schreibe es auf.

______________________	______________________
______________________	______________________
______________________	______________________
______________________	______________________
______________________	______________________

3. Schreibe zu jedem Wort die Mehrzahl.

Einzahl	Mehrzahl
der Ball	______________
der Satz	______________
das Glas	______________
der Stamm	______________

Umlaute 2

Eu/eu und *Äu/äu* klingen gleich.
Wörter mit *äu* kannst du oft von Wörtern mit *au* ableiten: Häuser → Haus.

1. Schreibe die Nomen unter die Bilder. Wenn du unsicher bist, versuche das Wort abzuleiten. Kontrolliere mit der Wörterliste.

____________ ____________ ____________ ____________

2. Bilde die Einzahl und schreibe die Wörter in Einzahl und Mehrzahl auf.

____________________ ____________________

____________________ ____________________

____________________ ____________________

____________________ ____________________

3. Setze eu oder äu ein. Wenn du unsicher bist, versuche das Wort abzuleiten. Kontrolliere mit der Wörterliste.

Tr___me L___te L___se R___me Str___cher

Schl___che B___che Z___gnisse ___len Kr___ter

4. Schreibe die Wörter untereinander in dein Heft.
Schreibe dann deine Ableitung daneben. Bei welchen Wörtern gibt es keine?

5. Suche Wörter zur Wortfamilie kaufen.

____

____

____

Bei Verkleinerungen durch Anhängen von *-chen* oder *-lein* wird oft aus *a* ein *ä*, aus *o* ein *ö*, aus *u* ein *ü* und aus *au* ein *äu*.

1. Setze die fehlenden Nomen ein. Markiere die Selbstlaute, die sich verändern.

Im Land der Zwerge wird alles klein:

Aus einem Baum wird ein Bäumchen,

aus einem Traum wird ein ______________________,

aus einem Rad wird ein ______________________,

aus einem Faden ein ______________________,

aus einer Maus wird ein ______________________,

aus einem Haus wird ein ______________________.

Im Lande der Riesen wird alles groß:

Aus einem Bächlein wird ein ______________,

aus einem Krächlein wird ______________,

aus Näschen wird hier eine ______________,

das Väschen wird zu einer ______________,

ein Stämmchen wird zu einem ______________,

das Kämmchen wird zu einem ______________.

2. Verbinde je zwei Reimwörter durch Striche.

Schloss	Hand	Wurm	Land	Satz	Knall
Turm	Tropfen	Ball	Pfropfen	Ross	Platz

3. Schreibe zu jedem Reimpaar die Verkleinerungsform in dein Heft. Markiere die Selbstlaute, die sich verändern.

Bei Verben mit *a/au* werden manche Personalformen mit *ä/äu* gebildet.

1. Setze die fehlende Form ein.

laufen – er ____________________ fallen – er ____________________

schlafen – er ____________________ halten – er ____________________

fangen – er ____________________ fahren – er ____________________

waschen – er ____________________ raten – er ____________________

2. Schreibe die Formen untereinander in dein Heft. Schreibe daneben die du-Form.

3. Setze e/ä oder eu/äu ein. Kontrolliere mit der Wörterliste.

Paul w___rmt sich am Lagerf___er. Er bl___st in die Glut.

Die Bl___tter verf___rben sich im H___rbst.

Tina l___sst ihren Drachen steigen.

H___te werden die Str___cher geschnitten.

4. Notiere verwandte Wörter zu den Wörtern mit ä/äu.

__________ : ____________________

__________ : ____________________

__________ : ____________________

__________ : ____________________

__________ : ____________________

__________ : ____________________

Auch Adjektive mit *ä/äu* können oft von Wörtern mit *a/au* abgeleitet werden.

1. Suche ein verwandtes Wort und schreibe es auf. Kontrolliere mit der Wörterliste.

schäumend – ______________ kräftig – ______________

mächtig – ______________ gefährlich – ______________

säuerlich – ______________ täglich – ______________

kränklich – ______________ gebräunt – ______________

2. Ordne die Adjektive den folgenden Nomen zu und schreibe sie zusammen in dein Heft: *ein schäumendes Bad, …*

3. Setze ein: e oder ä? Kontrolliere mit der Wörterliste.
Schreibe verwandte Wörter daneben.

___rgerlich: ______________

___hrlich: ______________

___ndlich: ______________

___rmer: ______________

4. Setze e/ä oder eu/äu ein. Verbinde je zwei Wortbausteine und schreibe die zusammengesetzten Nomen in dein Heft.

GARTEN	S___GE	WEIN	HAUS	S___TZ	NACHT
B___NKE	SP___NE	GL___SER	D___CHER	K___STEN	___LEN

Verwandte Wörter suchen; Adjektive Nomen zuordnen; *e/ä* einsetzen, verwandte Wörter dazuschreiben; Nomen zusammensetzen, ins Heft schreiben

Wörter ohne Ableitung

Manche Wörter mit *ä/äu* kann man nicht ableiten.
Diese Wörter muss man lernen.

1. Schreibe die rückwärts geschriebenen Wörter richtig auf.

NEHCDÄM ______ EGÄS ______ ZRÄM ______

ERHÄ ______ REFÄKIAM ______ EGÄRHCS ______

2. Trage die Suchbegriffe in die Kästchen ein. Kontrolliere mit der Wörterliste.

Großes Tier mit dickem braunem Pelz: ______

Nadelbaum (keine Fichte oder Tanne): ______

Oben am Getreidehalm sitzt die ______

Laute Geräusche: ______

Die Knochen vom Fisch nennt man ______

Werkzeuge: ______

Ein kleines Krabbeltier: ______

„Dornröschen“ ist ein ______

Bär, Lärche, Ähre, Lärm, Gräten, Geräte, Käfer, Märchen

3. Schreibe Sätze mit den gefundenen Begriffen in dein Heft.

4. Sammle verwandte Wörter zu den folgenden.

spät: ______

ähnlich: ______

Käfer: ______

Umlaute 7

Wörter mit *äu* kannst du oft von Wörtern mit *au* ableiten: H*äu*ser → H*au*s.

1. Setze eu oder äu ein.

2. Male alle Felder mit äu braun aus, alle Felder mit eu bunt. Was entsteht?

___

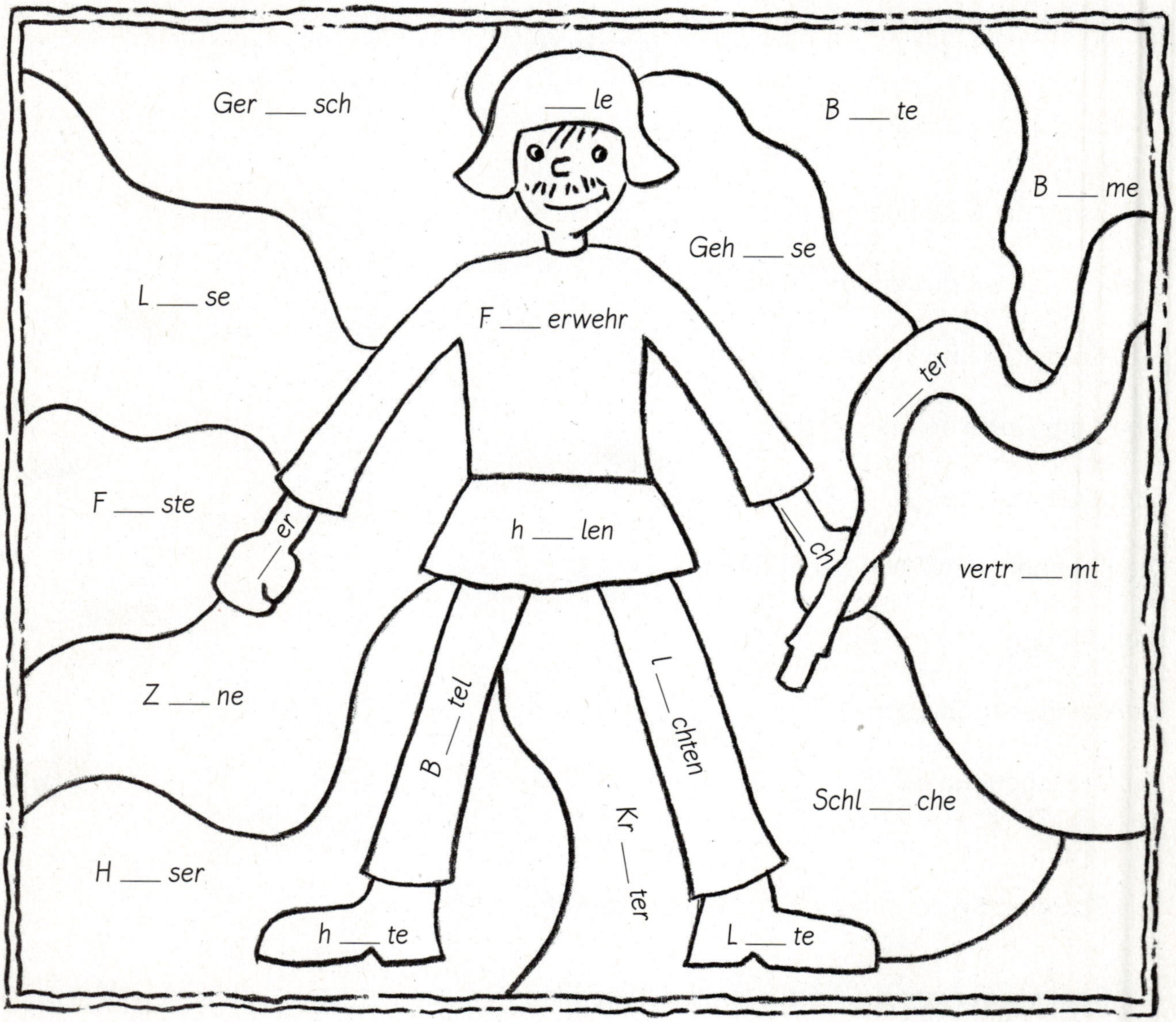

3. Schreibe alle Wörter mit äu untereinander in dein Heft und schreibe daneben die verwandten Wörter mit au.

4. Suche weitere Wörter mit eu und schreibe sie auf.

eu/äu einsetzen; Bild ausmalen; Ableitungen bilden; Wortfamilien

Der i-Laut 1

Das *i* ist ein *Selbstlaut.* Die Selbstlaute *a e **i** o u* werden kurz oder lang gesprochen. Das kurz gesprochene *i* wird immer nur mit *i* geschrieben.

1. Sprich jedes Wort deutlich.
In welchen Wörtern wird das i kurz gesprochen? Mache einen Punkt unter das i.
In welchen Wörtern wird das i lang gesprochen? Mache einen Strich unter das i.

die Apfelsine	das Gesicht	der Pilz	der Stiefel
das Bier	das Kinn	der Riese	der Stier
die Biene	das Knie	die Rosine	die Wiese
die Birne	das Licht	das Schiff	das Ziel
der Finger	die Milch	das Spiel	das Zimmer
die Gardine	der Mittag	die Spinne	die Ziege

2. Schreibe die Wörter in deinem Heft in eine Tabelle. Markiere die i-Laute.

Wörter mit kurz gesprochenem i	Wörter mit lang gesprochenem i
die Birne	*die Apfelsine*

3. Finde mehr Wörter mit i-Lauten in der Wörterliste. Schreibe sie auch in die Tabelle.
Markiere die i-Laute.

4. *Jeden Mittag steht die Ziege auf der Wiese und sucht sich einen Pilz. …*
Schreibe in deinem Heft solche Unsinn-Sätze auf.
Mache einen Punkt oder einen Strich unter die i-Laute.

Der i-Laut 2

Ein lang gesprochenes *i* wird **meistens** *ie* geschrieben.

1. Bilde möglichst viele Verben. Schreibe sie in dein Heft.
Markiere immer das ie. Findest du mehr als elf Verben?

2. Finde die Reimwörter, die gleich geschrieben werden. Schreibe sie in dein Heft.
Markiere immer das ie.

das Tier	der Brief	der Dieb	der Stiel	die Biene
das B …	sie r …	das S …	das Z …	die M …
der St …	er l …	l …	das Sp …	die Sch …
das Klav …	t …		sie f …	
h …	sch …		v … Glück	
v …				

3. Diese Wörter mit ie benutzt du sehr häufig. Darum solltest du sie dir gut merken.
Schreibe zu jedem Wort einen Satz in dein Heft und markiere das Wort.

die diese hier nie niemand sie viel vielleicht wie wieder

4. Du hörst in einem Wort ein lang gesprochenes i.
Du weißt nicht genau, wie das Wort geschrieben wird.
Wie könntest du dein Problem lösen? Kannst du das begründen?

Der i-Laut 3

i, ih

Ein lang gesprochenes *i* kann auch *i* oder *ih* geschrieben werden.
Diese Wörter musst du dir merken.

1. Schreibe die Nomen mit Artikel in dein Heft.
Markiere das lang gesprochene i.

Pri-	Ben-
Li-	Del-
Mu-	Bi-
Ki-	Fa-
Bi-	Ti
Kri-	Fi-
Ven-	Ki-

ber	ger
se	ter
sik	no
zin	brik
lo	se
fin	til
bel	bel

2. Finde in der Wörterliste mehr Wörter, in denen das lang gesprochene i nur als i geschrieben wird. Schreibe sie auch in dein Heft. Markiere das lang gesprochene i.

3. Diese Wörter mit i und ih benutzt du sehr häufig.
Darum musst du sie dir gut merken.
Schreibe zu jedem Wort einen Satz in dein Heft und markiere das Wort.

ihm ihn ihr dir mir wir gibt

Selbstlaute und Mitlaute 1

Die Selbstlaute *a e i o u* werden kurz oder lang gesprochen.

1. Sprich die Wörter mit dem fettgedruckten Selbstlaut mehrmals laut.
Mache einen Punkt unter die kurz gesprochenen Selbstlaute.
Mache einen Strich unter die lang gesprochenen Selbstlaute.

Zungenbrecher

Esel **e**ssen N**e**sseln nicht.
Nesseln essen **E**sel nicht.

Die K**a**tze tr**i**tt die Tr**e**ppe kr**u**mm.

Auf dem R**a**sen r**a**sen H**a**sen,
atmen r**a**sselnd durch die N**a**sen.

2. Sprich die Wortpaare laut und höre, wie die Selbstlaute klingen.
Mache einen Punkt oder einen Strich unter die Selbstlaute.

die Ratten – raten	das Telefon – der Teller	verbieten – bitten
die Mutter – der Mut	das Brot – der Kopf	das Glas – der Ast
die Tasse – die Nase	das Holz – die Rose	die Tafel – der Affe
malen – fallen	oben – offen	das Fenster – die Feder

3. Schreibe die Wörter in dein Heft. Setze den richtigen Selbstlaut ein.
Mache einen Punkt oder einen Strich darunter.

der B___ll	der B___sen	das B___ch	das F___ll	das F___st
die Fl___sche	die Fr___ge	das G___ld	der H___mmel	der H___t
der K___ller	die L___mpe	der M___nn	der M___nat	der M___nd
das N___st	der P___lz	die P___st	die P___ppe	der R___st
der S___ck	der S___nd	die S___ppe	der V___gel	die W___t

Selbstlaute und Mitlaute 2

Auf einen lang gesprochenen Selbstlaut folgt nur ein Mitlaut.
Auf einen kurz gesprochenen Selbstlaut folgen meistens zwei oder mehr Mitlaute.

1. Schreibe die Wörter mit dem fett gedruckten Selbstlaut in deinem Heft in eine Tabelle.

Zungenbrecher

Fünf F**e**rkel fressen fr**i**sches F**u**tter.
Frisches Futter fr**e**ssen f**ü**nf Ferkel.

Mein Sp**i**tzer spitzt St**i**fte spielend sp**i**tz.
Spitz spitzt mein Spitzer sp**ie**lend Stifte.

Der d**i**cke Dirk tr**u**g den d**ü**nnen Dirk durch den dicken, t**ie**fen Dr**e**ck.
Da d**a**nkte der dünne Dirk dem dicken Dirk,
weil der dicke Dirk den dünnen Dirk durch den dicken, tiefen Dreck trug.

Wörter mit lang gesprochenem Selbstlaut	Wörter mit kurz gesprochenem Selbstlaut
spielend	*Ferkel*

2. Schreibe auch diese Wörter in die Tabelle.
Markiere die Mitlaute, die dem Selbstlaut folgen.
Überprüfe, ob die Regel oben stimmt.

Br**o**t K**ä**se B**u**tter W**u**rst

Bleist**i**ft F**ü**ller H**e**ft T**a**fel

schl**a**fen **e**ssen tr**i**nken l**e**sen

kl**e**ttern schw**i**mmen w**a**ndern s**e**geln

gl**a**tt gr**o**ß schw**e**r w**i**nzig

r**e**nnen fl**i**tzen r**a**sen tr**ö**deln

3. Schreibe mit den Wörtern fünf Sätze in dein Heft.
Mache einen Punkt oder einen Strich unter die Selbstlaute.

Kurz gesprochene und lang gesprochene Selbstlaute unterscheiden können;
Mitlautverdopplung anbahnen

Auf einen kurz gesprochenen Selbstlaut folgen meistens zwei Mitlaute.
Folgt nur einer, dann wird er verdoppelt.

1. Schreibe die Reimwörter auf. Sprich die Wörter laut. Mache einen Punkt unter den kurz gesprochenen Selbstlaut. Markiere den doppelten Mitlaut.

fett	*brennen*	*Ball*	*fassen*
nett	*k …*	*Kn …*	*p …*
B …	*n …*	*St …*	*l …*
Br …	*r …*		

2. Finde mehr Wörter mit doppeltem Mitlaut in der Wörterliste. Schreibe sie in deinem Heft in eine Tabelle.

ff	ll	mm	nn	ss	tt
der Affe	*die Wolle*	*kommen*	*können*	*das Messer*	*bitter*

3. Diese Wörter kommen häufig vor. Viele Kinder schreiben sie falsch.
Überlege, welche Wörter dir leicht fallen und welche dir Schwierigkeiten machen.
Schreibe sie in deinem Heft in eine Tabelle.

alle bekommen besser dann denn essen der Fall fallen er fällt
fressen interessant kaputt kennen können kommen lassen
die Mitte der Mittag passieren rennen der Schluss sollen stellen
vergessen das Wasser wenn will wollen wissen zusammen

Finde ich schwierig!!!	Geht so!!	Finde ich leicht!
interessant		

Nach kurz gesprochenem Selbstlaut den einzelnen Mitlaut verdoppeln

Mitlaute 2 — Trennen

Doppelte Mitlaute werden zwischen den beiden Mitlauten getrennt.

1. Schreibe die beiden Abzählverse ohne die Trennstriche in dein Heft.
Markiere die doppelten Mitlaute.

2. Trenne die Wörter, so oft du kannst. Schreibe die getrennten Wörter in dein Heft.
Markiere die doppelten Mitlaute: *die Af-fen-stäl-le, …*

die Affenställe die Feuerwehrmänner die Gewitterwolken
der Butterkuchen die Kaffeetassen die Kartoffelsuppe die Kinderbetten
das Klassenzimmer die Wasserbälle die Malblätter die Sommersonne
der Suppenlöffel das Taschenmesser die Tannenzweige

3. Die Wörter sind an der richtigen Stelle getrennt, aber falsch zusammengesetzt.
Schreibe die Wörter richtig auf. Markiere die doppelten Mitlaute.

schnap – tern *schnappen*

las – pen ______________________

knab – ten ______________________

sam – pen ______________________

klet – meln ______________________

schwim – sen ______________________

bit – bern ______________________

stop – men ______________________

tz, ck

Die Buchstaben *z* und *k* werden nach einem kurzen Selbstlaut nicht verdoppelt. Man schreibt *tz* und *ck.*

1. Lies die beiden Gedichte zuerst leise. Suche dir ein anderes Kind und lies ihm eines der Gedichte vor.

Herr Matz und die Katze

Als Herr Matz die Katze
von ihrem Platze
auf der Matratze
vertrieb, beschloss die Katze
vor Wut am Platzen,
Herrn Matz zu besteigen
und ihm mit der Tatze
die Glatze
zu zerkratzen.
Doch ließ sie es bleiben
und war lieber lieb.

J. Guggenmos

Zauberspruch für alle Fälle

Ohne Zittern,
ohne Zagen
dreimal „Hokuspokus" sagen,
dreimal mit dem Kopfe nicken,
dreimal um die Ecke blicken,
dreimal trocken runterschlucken,
dreimal mit der Nase zucken,
dreimal mit dem Fuße wippen,
dreimal mit dem Finger schnippen,
dreimal fest die Daumen drücken –
diesmal soll mir alles glücken!

U. Andresen

2. Markiere nun in den beiden Texten die Wörter mit tz und ck.
Mache einen Strich oder einen Punkt unter den Selbstlaut.
Schreibe die Wörter in dein Heft und markiere tz und ck.

3. Finde Wörter mit tz in der Wörterliste. Schreibe sie in deinem Heft in eine Tabelle.
Findest du für jede Spalte zwei Wörter?

atz/ätz	etz	itz	otz/ötz	utz/ütz
die Katze				

Das *ck* darf nicht getrennt werden, weil *ck* **ein** Laut ist: *ni-cken.*

4. Trenne die Wörter. Schreibe so: *backen: ba-cken, …* Markiere das ck.

backen   die Brücke   die Decken   drücken   die Ecken   lecker
die Mücke   packen   pflücken   der Rücken
schicken   trocken   schmecken   die Schnecke   der Wecker

tz und *ck* als Ausnahmeschreibungen nach kurzem Selbstlaut kennen;
Silbentrennung bei *ck* kennen

Mitlaute 4 — ng, nk

Die Verbindungen *ng* und *nk* klingen gleich: er bri*ng*t, sie sche*nk*t.
Du kannst sie besser unterscheiden, wenn du verlängerst.

1. Schreibe sinnvolle Sätze in dein Heft.
Sprich die Verben deutlich und markiere ng und nk.

	springen/springt	mit seinem kleinem Bruder.
	fangen/fängt	aus dem Zugfenster.
	bringen/bringt	ihrem Freund ein Kartenspiel.
Ole	**singen/singt**	hoch in die Luft.
Lisa und Tom	**denken/denkt**	den Mülleimer hinaus.
	schenken/schenkt	jeden Ball.
	winken/winkt	laut und falsch.
	zanken/zankt	über die Aufgabe nach.

2. Entscheide, wie das Wort geschrieben wird. Streiche die falsche Möglichkeit durch.
Schreibe die Verlängerung auf. Markiere das ng und nk.

ng oder nk?	So kann ich verlängern, damit ich den Laut besser höre:
Ein Bild hängt / hänkt über dem Bett.	*hängen*
Per tringt / trinkt ein Glas Milch.	______________
Mein Vater tangt / tankt noch, bevor wir losfahren.	______________
Die Melodie klingt / klinkt leise in meinem Ohr.	______________
Jo dangt / dankt allen für die vielen Geschenke.	______________
Der Stein versingt / versinkt im Wasser.	______________
Ken fängt / fänkt den Ball kurz vor dem Korb.	______________

3. Finde mehr Wörter mit ng und nk in der Wörterliste. Schreibe sie in dein Heft.

Der s-Laut 1

Nach einem langen Selbstlaut kann der *s*-Laut unterschiedlich gesprochen werden: *stimmhaft* oder *stimmlos.*
Beim stimmhaften *s* spürst du ein leichtes Summen beim Sprechen.
Beim stimmlosen *s* spürst du dieses Summen nicht.

1. Sprich die Wörter mehrmals und spüre, ob das s stimmhaft oder stimmlos gesprochen wird. Kreuze die Wörter mit stimmlosem s an.

2. Sprich die Wörter mehrmals und spüre, ob das s stimmhaft oder stimmlos gesprochen wird. Schreibe die Wörter in deinem Heft in eine Tabelle. Markiere den s-Laut.

der Besen   draußen   das Eisen   er fraß   groß   der Gruß   heiß
der Käse   leise   lesen   die Musik   die Straße   der Spaß

Wörter mit stimmhaftem s	Wörter mit stimmlosem s
der Besen	*draußen*

3. Schreibe auch die Wörter zu den Bildern von Aufgabe 1 in die Tabelle. Wenn du unsicher bist, schlage sie in der Wörterliste nach.

4. Kannst du eine Regel für Wörter mit stimmhaftem s aufschreiben?

____

____

Der s-Laut 2

Das *ß* ist ein stimmloses *s*. Es kann nur nach einem lang gesprochenen Selbstlaut stehen. Es muss auch beim Verlängern stimmlos bleiben.

1. Lies den Vers und markiere die Wörter mit ß.
   Höre, wie der Selbstlaut vor dem ß gesprochen wird.
   Mache einen Punkt oder einen Strich.

Ein klitzekleiner Junge saß
bei seiner Mutter auf dem Schoß.
Er aß und aß und aß und aß,
auf einmal war er riesengroß.

F. Wittkamp

2. Schreibe die Wörter in deinem Heft in eine Tabelle. Sprich den s-Laut deutlich.
   Markiere immer das stimmlose s.

das Glas weiß der Fuß das Gras der Kloß die Maus heiß
der Preis das Haus der Strauß der Hals der Spaß groß

Wörter mit s		Wörter mit ß	
	Verlängerung		Verlängerung
das Glas	*die Gläser*	*weiß*	*weiße Wäsche*

3. Schreibe die Verben in dein Heft. Markiere immer das stimmlose s.
   Bilde mit jedem Verb einen Satz.

flie-	hei-	schmei-
gie-	spa-	grü-
schie-	schlie-	rei-

ßen

Gleich und ähnlich klingende Mitlaute

Das *b* kann in manchen Wörtern wie ein *p* klingen. Wenn du das Wort verlängerst, kannst du hören, wie es geschrieben wird: lie*b* – lie*b*er.

1. Verlängere die folgenden Nomen und entscheide danach, ob das Wort mit b oder mit p geschrieben wird.

Die__ – ______________________ Kor__ – ______________________

Lum__ – ______________________ Gra__ – ______________________

Eigel__ – ______________________

Lei__ – ______________________

Sta__ – ______________________

2. Bilde die Grundform zu den Verben. Dann entscheide, ob sie mit b oder mit p geschrieben werden.

sie to__t – ______________________ er lie__t – ______________________

ihr ha__t – ______________________ sie lo__t – ______________________

ihr hu__t – ______________________ es kle__t – ______________________

er le__t – ______________________ ich ga__ – ______________________

sie schrie__ – ______________________ er he__t – ______________________

3. Verlängere die Adjektive, indem du sie steigerst. Entscheide dann, wie der Endlaut in der Grundstufe geschrieben wird.

Grundstufe	1. Vergleichsstufe	2. Vergleichsstufe
lie__	______________	*am* ______________
gro__	______________	*am* ______________
her__	______________	*am* ______________

Gleich und ähnlich klingende Mitlaute

Das *d* kann in manchen Wörtern wie ein *t* klingen. Wenn du das Wort verlängerst, kannst du hören, wie es geschrieben wird: Lan*d* – Län*d*er.

1. Schreibe die Reimwörter zu den Bildern auf. Kontrolliere mit der Wörterliste.

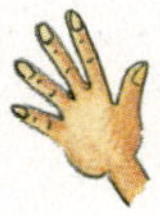

W___________ M___________ R___________ L___________

2. Verlängere alle Wörter, indem du die Mehrzahl (den Plural) bildest.

die Hand – die Hände, die Wand – ___________

____

____

____

3. Im Kasten findest du Wörter mit d oder t am Ende.
Schreibe die Wörter mit der Mehrzahl in dein Heft.

RANDWINDACHT
KINDTATHAUT
TEXTHERDSAND

4. Setze d oder t ein. Schreibe sinnvolle Sätze in dein Heft.

Das Bil___	trab___, so schnell es kann.
Die Kin___er	sind aus Le___der.
Der Win___	wir___ bun___ ausgemal___.
Das Pfer___	weh___ stark.
Die Han___taschen	ba___en am Stran___.

Gleich und ähnlich klingende Mitlaute g/k

Das *g* kann in manchen Wörtern wie ein *k* klingen. Wenn du das Wort verlängerst, kannst du hören, wie es geschrieben wird: Betru*g* – Betrü*g*er.

1. Verlängere die Nomen und entscheide dann, wie der Auslaut geschrieben wird. Du kannst verschiedene Wortarten zum Verlängern benutzen.

der Ber__ – ____________________ der Zwer__ – ____________________

der Kor__ – ____________________ das Wer__ – ____________________

die Bur__ – ____________________ der Käfi__ – ____________________

der Ta__ – ____________________ der We__ – ____________________

der Zwei__ – ____________________ die Musi__ – ____________________

2. Verlängere in den zusammengesetzten Nomen den Teil, bei dem g oder k fehlen. Entscheide dann, welcher Buchstabe fehlt. Kontrolliere mit der Wörterliste.

Par__platz – ____________________ Ber__gipfel – ____________________

Wer__zeug – ____________________ Bur__graben – ____________________

Sie__treffer – ____________________ Käfi__tür – ____________________

Flu__hafen – ____________________ We__weiser – ____________________

3. Schreibe mit jedem der Wörter einen Satz in dein Heft.

4. Setze g oder k ein. Denke ans Verlängern.

le__en riesi__ arti__ mö__en par__en trauri__

ferti__ ja__en fra__en wichti__ winzi__ star__ lusti__

5. Schreibe die Verben in der ich-Form und in der er-Form untereinander in dein Heft.

6. Schreibe die Perfekt-Formen daneben.

Nomen und zusammengesetzte Nomen verlängern; *g/k* in Verben und Adjektive einsetzen, diese im Heft in *ich/er*-Form und ins Perfekt setzen

Gleich und ähnlich klingende Mitlaute b/p, d/t, g/k

B, *t* und *g* können wie *p*, *d* und *k* klingen. Wenn du ein Wort verlängerst, hörst du, wie es geschrieben werden muss.

1. Setze b/p, d/t oder g/k in die folgenden Sätze ein. Kontrolliere mit der Wörterliste.

Lisa hat zum Geburtsta___ ein Pfer___ bekommen. Nun muss sie lernen, wie man es pfle___t. Lisa überle___t. Sie hat einen alten Kor___ von ihrer Tante geschen___t bekommen. Da hinein le___t sie Äpfel und altes Bro___. Jeden Aben___ wir___ sie damit zur Weide gehen, obwohl der We___ lan___ ist. Ihre Rei___stiefel werden tä___lich blan___ geputzt! Ihre Freundin fra___t: „Wie soll dein Pfer___ heißen?"

2. Wie hast du herausgefunden, welcher Buchstabe an die fehlenden Stellen gehört? Notiere deine Ableitungen.

Kor___: ______________________

pfle___t: ______________________

Bro___: ______________________

wir___: ______________________

lan___: ______________________

fra___: ______________________

blan___: ______________________

Rei___stiefel: ______________________

le___t: ______________________

Pfer___: ______________________

Aben___: ______________________

We___: ______________________

tä___lich : ______________________

Geburtsta___: ______________________

geschen___t: ______________________

3. Schreibe alle Wörter in dein Heft, die du zur Wortfamilie tragen findest.

4. Suche Wörter zur Wortfamilie denken.

Gleich und ähnlich klingende Mitlaute

1. Löse das Kreuzworträtsel. Benutze nur Großbuchstaben.

Waagerecht

2. Es hat zwei Räder und Pedalen.

5. Gespartes Geld kommt dort auf ein Konto.
7. Man trägt es unter dem Pullover.
10. Wenn man verheiratet ist, kann man ihn am Finger tragen.
11. Jemand, der etwas stiehlt.

12. Jeder hat einmal im Jahr… und wird dann ein Jahr älter.

Senkrecht:

1. Ihr bekommt jede Woche ein paar Münzen von euren Eltern. Das nennt man…

3. Sie bedeckt deinen Körper.
4. Wir leben in Deutsch…
6. Ein Gefäß für Flüssigkeiten wie Milch oder Saft.

8. Ein anderes Wort für „nötig".
9. Der Gewinner erringt einen… über seinen Gegner.

2. Schreibe die Wörter untereinander auf.

3. Schreibe zu den Nomen die Mehrzahl.

Das Dehnungs-h 1

Nach einem langen Selbstlaut kann ein *Dehnungs-h* stehen. Das *Dehnungs-h* steht nur vor den Mitlauten *l, m, n, r.* Diese Wörter musst du dir merken.

1. Überlege dir, welche Wörter du sehr oft schreibst. Diese Wörter musst du dir nämlich besonders merken. Markiere diese Wörter.

die Ahnung ähnlich die Bahn ernähren die Ernährung erzählen
die Fahne fahren das Fahrrad die Fahrt die Fähre gähnen gefährlich
der Hahn das Jahr jährlich die Wahl wählen der Ramen die Sahne
der Strahl strahlen ungefähr wahr die Wahrheit wahrscheinlich
die Zahl zahlen zählen der Zahn die Zähne

die Bühne fühlen der Frühling das Huhn
die Mühle rühren der Stuhl die Uhr

ihm ihn
ihr

belohnen die Bohne
die Höhle die Kohle der Lohn
ohne das Ohr das Rohr
die Sohle der Sohn die Röhre
der Ruhm wohnen
die Wohnung

fehlen die Ehre ehren
ehrlich der Fehler das Mehl
nehmen stehlen kehren
lehren der Lehrer die Lehrerin
mehr sehr wehren
der Verkehr zehn

2. Lege in deinem Heft eine Tabelle an. Schreibe die Wörter mit Dehnungs-h in diese Tabelle. Markiere immer den Selbstlaut, das Dehnungs-h und den folgenden Mitlaut.

Diese Wörter schreibe ich

sehr oft!!!	oft!!	selten!
fahren	*wählen*	*die Sohle*

Das Dehnungs-h 2

Wörter können miteinander verwandt sein. Sie haben den gleichen *Wortstamm.* Wenn im Wortstamm ein *Dehnungs-h* steht, haben alle verwandten Wörter auch ein *Dehnungs-h.*

1. Schreibe die Wörter mit Wohn und wohn in dein Heft. Sie sind miteinander verwandt. Kreise den Wortstamm ein. Achtung: Aus o kann ö werden!

Das ist unsere Wohnung. Hier wohnen wir. Mit meinem Wohnungsschlüssel schließe ich die Wohnungstür auf. Mein Bruder wohnt in dem kleinen Zimmer rechts. Früher hat dort meine Oma gewohnt. Ich finde das Wohnzimmer besonders gemütlich. Es sieht richtig wohnlich aus. Nur das kleine Zimmer am Ende des Flurs ist nicht bewohnt. Wir benutzen es gewöhnlich als Gästezimmer, wenn meine Tante uns besucht.

2. Schreibe die verwandten Wörter in Reihen in dein Heft ab. Kreise den Wortstamm ein. Achtung: Die Selbstlaute im Wortstamm können sich verändern!

die Zahl, zählen … ,
der Fahrer, die Fahrkarte … ,

die Zahl   der Fahrer   die Lehrerin   der Lohn   die Fahrkarte   der Lehrer
die Fähre   das Gefühl   die Gefahr   die Wahl   das Fahrrad
das Lehrerzimmer   die Fahrt   fühlen   lehren   fahren   wählen   zählen
belohnen   belehren   befühlen   bezahlen   abfahren   sie lehrt
wir wählten   er fühlte   er zählte   sie fuhr   sie wählt   er fährt   gelohnt
gelehrt   gefühlt   gewählt   gezählt   gefährlich

3. Finde in der Wörterliste Wörter mit Dehnungs-h. Findest du zehn Wörter?

Vorsilben

Die Vorsilben *aus-*, *be-*, *ver-*, *vor-*, *ab-*, *zu-* und *ent-* sind Wortbausteine.
Sie verändern die Bedeutung eines Wortes.
Wenn du dir ihre Schreibweise merkst, kannst du viele Wörter richtig schreiben.

1. Unterstreiche die passende Vorsilbe. Schreibe die Sätze richtig in dein Heft.
Achtung, es können auch mehrere Vorsilben passen!

Max will zu seinem Geburtstag viele Freunde | aus- / ein- / ver- | laden |.

Der LKW-Fahrer muss seinen LKW | zu- / be- / ent- | laden |.

Pirat Paule will seinen Schatz auf einer einsamen Insel | ver- / vor- / ab- | stecken |.

Oma möchte ihren Enkeln immer etwas Geld | zu- / be- / ver- | stecken |.

Das neue Kreuzfahrtschiff soll heute aus dem Hafen | ent- / vor- / aus- | laufen |.

2. Setze die passende Vorsilbe ein.

Louise ist aufgeregt. Gleich wird der Zug aus dem Bahnhof ____fahren. Es ist das erste Mal, dass Louise ganz allein ____reisen darf. Onkel Joachim hat sie nämlich ____geladen, ihn auf seinem Bauernhof zu besuchen. Louise freut sich. Auf dem Bauernhof gibt es viel zu ____decken. Am tollsten findet Louise die kleinen Ferkel, weil die so lustig ____sehen. Sie sind meistens von oben bis unten mit Schlamm ____schmiert. Manchmal möchte Louise am liebsten mit einem Gartenschlauch den Dreck von den Ferkeln ____waschen, damit sie wieder schön sauber und rosa sind!

Nachsilben

Wörter mit den Endsilben *-ig, -lich, -bar* und *-los* sind Adjektive.
Sie werden mit kleinem Anfangsbuchstaben geschrieben.

1. Schreibe die Sätze in dein Heft und ergänze die fehlenden Adjektive.
Markiere die Endsilben und den kleinen Anfangsbuchstaben.

Etwas, das lange hält, ist ...
Etwas, das fahren kann, ist ...
Etwas, das man tragen kann, ist ...
Etwas, das wie ein Wunder scheint, ist ...

Jemand, der kein Glück hat, ist ...
Jemand, dem die Worte fehlen, ist ...
Jemand, der keine Fehler macht, ist ...
Jemand, der kein Herz für andere hat, ist ...

fahrbar fehlerlos glücklos haltbar herzlos
sprachlos tragbar wunderbar

2. Finde die passenden Wortpaare und schreibe sie in deinem Heft in eine Tabelle.
Markiere die Endsilben -ig und -lich und den kleinen Anfangsbuchstaben.

ängstlich	das Ende	die Angst	die Ruhe
endlich	fleißig	ärgerlich	der Fleiß
die Gefahr	der Mut	das Glück	vorsichtig
der Hunger	glücklich	gefährlich	mutig
der Ärger	ruhig	die Vorsicht	hungrig

3. Schreibe den Text in dein Heft. Markiere die Wörter mit der Endsilbe -lich.

Tom muss jetzt endlich seine Hausaufgaben machen.
Es ist nämlich schon schrecklich spät. Die Aufgaben
sind ziemlich schwierig und er braucht wahrscheinlich viel Zeit.
Er soll die Aufgaben eigentlich immer nach dem Mittagessen machen,
aber er findet oft eine Ausrede.
Er will schließlich nicht zu spät zum Fußballtraining kommen!
Es ist wirklich nicht gut, dass er noch so spät arbeitet,
denn neulich ist er dabei plötzlich eingeschlafen.

Wörter mit den Endsilben *-ig/-lich/-bar/-los* als Adjektive erkennen und mit kleinem Anfangsbuchstaben schreiben

Wörter mit ks-Lauten

Der Laut *„ks“* kann verschieden geschrieben werden: als *x, chs, cks* und *ks.*

1. Unterstreiche die Wörter mit den ks-Lauten und schreibe sie auf.

Alexander soll eine Geschichte über Eidechsen schreiben. Er hat sich das Lexikon seines Vaters geliehen. Er liest, aber es ist wie verhext. Er versteht den Text nicht. Warum wächst ein Eidechsenschwanz nach? Sein Vater sagt: „Schreib doch etwas über Füchse.“

____

____

____

2. Schreibe die Nomen unter die Bilder. Markiere den ks-Laut.
Kontrolliere mit der Wörterliste.

________ ________ ________ ________ ________

3. Schreibe zu jedem Nomen einen Satz in dein Heft.

4. Schreibe die Personalformen der Verben wachsen und wechseln auf.
Markiere den ks-Laut.

ich ____________	*ich* ____________
du wächst	*du wechselst*
er ____________	*er* ____________
wir ____________	*wir* ____________
ihr ____________	*ihr* ____________
sie ____________	*sie* ____________

5. Sammle Wörter zu der Wortfamilie wachsen und schreibe sie ins Heft.

Wörter mit *ks*-Laut unterstreichen und aufschreiben; Nomen zu Bildern schreiben und *ks*-Laut markieren, Sätze schreiben; Personalformen aufschreiben; Wortfamilie *wachsen*

Wörter mit Sp/sp

Wörter, bei denen man *„schp“* am Wortanfang hört,
werden mit *Sp* oder *sp* geschrieben.

1. Suche Reimwörter mit Sp oder sp und schreibe sie unter die Wörter.

Wort	zwingen	Rinne	reisen	Schatz
________	________	________	________	________
Dreck	Hecht	zielen	jucken	senden
________	________	________	________	________

2. Ordne die gefundenen Wörter nach dem Alphabet.

3. Korrigiere die vertauschten Wörter und schreibe den Text auf.

Kinder *spinnen* gern Fußball.
Wenn wir *springen*, haben wir mehr Geld.
Grashüpfer *sprechen* im Gras.
Wolle muss man *spielen*.
Ein Papagei kann manchmal *sparen*.

Wörter mit St/st

Wörter, bei denen man *„scht“* am Wortanfang hört,
werden mit *St* oder *st* geschrieben.

1. Male die Bilder aus, bei denen du ein „Scht“ am Anfang hörst.

2. Schreibe die Wörter mit St auf. Kontrolliere mit der Wörterliste.

3. Schreibe mit jedem Wort einen Satz in dein Heft.

4. Bilde Verben und schreibe sie auf.

ST – ICKEN, RICKEN, RAHLEN

ST – AUNEN, ECHEN, EHEN

ST – EHLEN, ÜRZEN, APELN

5. Ordne die Verben nach dem Alphabet.

St-Bilder ausmalen; Wörter aufschreiben; Kontrollieren mit der Wörterliste;
Sätze aufschreiben; Verben mit *st* bilden, nach dem Alphabet ordnen

Wörter mit V/v 1

Das *v* kann wie ein *f* oder wie ein *w* klingen.
Die Wörter mit *v* musst du dir merken.

1. Schreibe die Rätselwörter auf.

Man verwendet dieses Gewürz für Süßspeisen,
am liebsten für Pudding und Eis: ______________________

Sie können winzig sein oder riesengroß,
am wohlsten fühlen sich die meisten in der Luft: ______________________

Er sorgt im heißen Sommer für angenehme Kühle: ______________________

Er ist groß und rund
und nachts am Himmel zu sehen: ______________________

der Vollmond, der Ventilator, die Vögel, die Vanille

2. Sprich die Rätselwörter.
Bei welchen Wörtern hörst du ein f, bei welchen Wörtern hörst du ein w?
Schreibe die Wörter in deinem Heft in eine Tabelle. Markiere das V/v.

v klingt wie w	v klingt wie f
der Ventilator	

3. Ordne folgende Wörter auch in die Tabelle ein. Markiere das V.

die Vase   der Vater   der Vampir   das Veilchen   das Ventil   das Verb
der Verein   der Verkehr   der Verstand   die Verwandten   das Vorderrad
der Vielfraß   die Villa   das Vitamin   das Video   der Vorschlag   der Vulkan

4. Bilde aus den Silben sinnvolle Wörter. Schreibe sie mit dem Artikel in dein Heft und markiere das v.

Ad	ber	Kla	Kon	Kur	li	lo	No
O	Pul	Pul	Re	ser	ve	ve	ve
vem	vent	ver	ver	ver	vier	vol	

Wörter mit V/v 2

Die Vorsilben *Ver-/ver-* und *Vor-/vor-* werden immer mit einem *V/v* geschrieben.

1. Lies das Rätsel und markiere die Wörter mit der Vorsilbe ver-.

Ein Märchenrätsel

In einem Märchen verliert ein Mädchen eine Kugel. Die Kugel verschwindet in einem Brunnen. Das Mädchen ist zuerst verzweifelt, aber dann trifft es ein Tier. Das Mädchen muss dem Tier versprechen, dass es mit ihm essen und spielen will wie mit einem Freund. Aber als das Tier die Kugel aus dem Brunnen holt, vergisst das Mädchen das Tier im Wald. Es läuft fort, aber das Tier verfolgt das Mädchen. Vor den Augen des Mädchens verwandelt sich das Tier zum Schluss in einen schönen Prinzen. Er war vor vielen Jahren verzaubert worden und das Mädchen hatte ihn nun erlöst.

Das Märchen heißt: ______________________________

2. Schreibe die Wörter mit der Vorsilbe ver- in dein Heft. Markiere die Vorsilbe.

3. Suche mehr Wörter mit der Vorsilbe Ver-/ver- in der Wörterliste und schreibe sie auf. Markiere immer die Vorsilbe.

4. Bilde Wörter und schreibe sie in deinem Heft in eine Tabelle. Manche Wörter kannst du in beide Spalten eintragen. Markiere die Vorsilben.

schreiben irren bereiten tragen brauchen stehen kaufen schließen
setzen laufen packen sagen wechseln raten machen

ver-	vor-
verschreiben	*vorschreiben*
verirren	*vorbereiten*

Doppelvokale

Manchmal wird ein langer Selbstlaut durch einen *Doppelvokal* dargestellt.

1. Schreibe die Wörter geordnet in die Tabelle.

Meer Haar Moos Moor Boot Waage
Zoo Saal Beere Beet Paar Schnee

aa	ee	oo

2. Bilde zusammengesetzte Nomen mit den Wörtern von Aufgabe 1 und den folgenden Wörtern.

Salz Hexe Spange Wasser Stachel Ball
Blumen Ehe Direktor Segel Gummi Anzug

3. Wie viele zusammengesetzte Nomen mit dem Nomen Beere findest du? Schreibe sie in dein Heft.

Wörter nach Doppelvokalen ordnen; Zusammensetzungen bilden; Wortfamilie *Beere*

Satzschlusszeichen

Sätze haben unterschiedliche Satzschlusszeichen:
Punkt, Fragezeichen oder *Ausrufezeichen.*

1. Lies das Gedicht so, dass man deutlich hört, wie sich die Sätze unterscheiden.
Markiere die Satzschlusszeichen mit unterschiedlichen Farben.

Aufräumen

Wo ist die Feuerwehr?
Wo ist der Kasperl?
Wo sind die Bausteine?
Wo ist das Würfelspiel?
Wo ist der Stoffelefant?
Wo sind die Tierbilder?
Wo sind die Badesandalen?

Unter dem Bett.
Auf dem Klosett.
Im Wäscheschrank.
Auf der Gartenbank.
Sitzt im Fernsehsessel.
Im grünen Küchenkessel.
Die liegen auf dem Mist.
Warum soll ich aufräumen, Mama?
Ich weiß doch eh, wo alles ist!

G. Bydlinski

2. Schreibe Aussagesätze in dein Heft. Markiere den Punkt immer farbig.

Die Feuerwehr liegt ...
Der Kasperl sitzt ...
Die Bausteine sind ...

3. Schreibe Fragesätze in dein Heft. Markiere das Fragezeichen immer farbig.

Wer sitzt ... ? *Warum liegen ... ?* *Was ist ... ?* *Wo sitzt ... ?*

4. Lies die Sätze so, dass du hörst,
welches Satzschlusszeichen fehlt.
Das geht am besten mit einem Partner
oder einer Partnerin.
Setze die richtigen Satzschlusszeichen ein.

Hast du Hunger ___ Mir knurrt schon der Magen ___ Oh je ___ Wer hat denn das ganze Brot aufgegessen ___ Sven war heute hier ___ Hol schnell noch ein neues Brot ___ Aber beeil dich, es ist schon spät ___ Wie spät ist es denn ___ Kurz nach sechs ___ Warum gehst du nicht ___ Du weißt doch, dass ich müde bin ___ Ich decke inzwischen den Tisch ___ Immer ich ___ Mach doch die Tür leise zu ___

Wörtliche Rede und Redezeichen 1

Die wörtliche Rede wird in *Redezeichen* gesetzt:
unten, wenn sie beginnt und oben, wenn sie aufhört.

1. Markiere die wörtlichen Reden farbig. Markiere die Redezeichen farbig.

Herr Schulz trifft einen Mann auf der Straße.

Der Mann hat einen Pinguin auf dem Arm.

Herr Schulz fragt ihn: „Woher haben Sie denn den Pinguin?“

Der Mann antwortet: „Er ist mir zugelaufen. Was soll ich bloß mit ihm machen?“

Da meint Herr Schulz: „Gehen Sie doch mit ihm in den Zoo.“

Nach ein paar Stunden treffen sich die Männer wieder.

Der Pinguin ist immer noch da.

Herr Schulz sagt erstaunt: „Ich habe doch gesagt,

dass Sie mit dem Pinguin in den Zoo gehen sollen.“

Da erwidert der Mann: „Dort waren wir schon.

Jetzt gehen wir ins Kino.“

2. Markiere die wörtlichen Reden farbig.
Schreibe die beiden Texte in dein Heft und setze die Redezeichen.

Herr Schulz hat Besuch von einem Freund.

Plötzlich kommt sein Hund ins Zimmer und bittet:

Kannst du mir die Zeitung geben?

Der Freund ist sehr erstaunt.

Da meint Herr Schulz: Das ist ein alter Angeber!

Er kann gar nicht lesen. Er schaut sich bloß die Bilder an.

Herr Müller erzählt Herrn Schulz: Mein Hund hat mir heute die Brötchen geholt.

Außerdem hat er beim Metzger Wurst geholt und die Zeitung vom Kiosk.

Herr Schulz meint lächelnd: Ich weiß. Mein Hund hat es mir schon erzählt.

Wörtliche Rede und Redezeichen 2

Oft steht vor der wörtlichen Rede ein *Begleitsatz.* Darin erfährt man, wer redet.
Nach dem Begleitsatz steht ein *Doppelpunkt.*

1. Markiere die Begleitsätze farbig. Schreibe den Text dann in dein Heft und markiere den Doppelpunkt farbig.

Herr Klein ruft bei Herrn Schulz an.

Der Hund hebt ab und meldet sich: „Wau!“

Herr Klein fragt: „Bitte? Wer spricht?“ Der Hund wiederholt: „Wau!“

Herr Klein meint verzweifelt: „Ich verstehe Sie nicht. Wer ist dort?“

Der Hund bellt: „Wau! W wie Wilhelm, A wie Anton, U wie Ulrich!“

2. Markiere die Begleitsätze farbig. Schreibe den Text dann in dein Heft und füge die Doppelpunkte ein.

Herr Schulz sagt zu seinem Freund „Mein Hund kann lügen.“

Der Freund entgegnet „Das glaube ich dir nicht. Das musst du mir beweisen.“

Herr Schulz meint „Nichts leichter als das! Hasso, wie macht die Kuh?“

Da bellt der Hund „Wau, wau, wau, wau …!“

3. Füge die Doppelpunkte und Redezeichen ein. Schreibe den Text dann in dein Heft.

Herr Schulz geht mit seinem Hund zur Eisdiele.

Der Hund sagt zu dem Eismann ___ Ein Mokkaeis, bitte! ___

Eine Frau beobachtet alles.

Sie meint ___ Haben Sie das gesehen? Das ist ja kaum zu glauben! ___

Herr Schulz antwortet ___ Ja, man glaubt es kaum.

Sonst nimmt er immer Schokolade. ___

4. Schreibe Witze, die du kennst, in dein Heft.
Denke dabei an die Redezeichen und die Doppelpunkte.

Wörtliche Rede und Redezeichen 3

Der Begleitsatz kann auch nach der wörtlichen Rede stehen.
Dann steht nach der wörtlichen Rede ein *Komma.*

1. Schreibe die Gespräche in dein Heft. Markiere alle Redezeichen und alle Satzzeichen. Achte darauf, in welcher Reihenfolge die Zeichen stehen.

„Warum läuft der Hund immer in die Ecke?“, fragt Herr Klein.
„Weil er ein Boxer ist“, antwortet Herr Schulz.

Herr Schulz spielt mit seinem Hund Schach.
„Ihr Hund ist aber klug!“, meint Herr Klein.
„Wieso? Er verliert doch immer“, erwidert Herr Schulz.

„Unser Hund ist schrecklich. Er jagt alle Postboten auf einem Fahrrad“, sagt Herr Schulz.
„Und warum nehmen Sie ihm das Fahrrad nicht weg?“, fragt Herr Klein erstaunt.

2. Schreibe das Gespräch auf.
Setze die passenden Redezeichen, die Satzschlusszeichen und die Kommas.

Was kostet dieser junge Hund
300 Euro
Wie wäre es mit der Hälfte
Oh nein, ich verkaufe nur den ganzen Hund

______________________________ fragt Herr Schulz den Hundezüchter.

______________________________ antwortet der Züchter.

______________________________ meint Herr Schulz.

______________________________ ruft der Züchter.

Zeichensetzung bei nachgestelltem Begleitsatz beachten; das Komma als Trennung von wörtlicher Rede und Begleitsatz nutzen

Satzzeichen 1

Werden Wörter oder Wortgruppen aufgezählt, trennt man sie durch ein *Komma.* Vor *und* oder *oder* steht kein Komma.

1. Schreibe den Text in dein Heft ab. Unterstreiche die Aufzählungen und markiere die Kommas farbig.

Am Wochenende will Max seine Tante besuchen. Jetzt packt er ein.
In seine rechte Hosentasche stopft er einen Tischtennisball,
ein Autokartenspiel, sein Taschentuch und ein Kaugummi.
In seine linke Hosentasche steckt er ein Stück Kreide,
ein paar alte Münzen und zwei Hustenbonbons.
In seine linke Anoraktasche kommen eine alte Ansichtskarte von Lena,
seine Telefonkarte, eine Möhre und eine Trillerpfeife.
In seine rechte Anoraktasche packt er sein Taschengeld,
seine Handschuhe und seine Mütze. Jetzt kann es losgehen!

2. Schreibe die Sätze in dein Heft. Sie werden immer länger. Unterstreiche die Aufzählungen und markiere die Kommas farbig.

Ich nehme einen Badeanzug und eine Sonnenbrille mit.
Ich nehme einen Badeanzug, eine Sonnenbrille und Sandalen mit.
... Taucherbrille
... Pulli
... Sonnenöl
... Fußball
... Eimerchen
... Spiel

3. Unterstreiche die Aufzählungen und setze die Kommas.

In den Ferien schlafe ich lange spiele mit meiner Schwester
und fahre oft zu meiner Freundin. Wir gehen ins Kino spielen auf dem Bolzplatz
oder gucken zusammen Fernsehen.
Abends lese ich höre Musik oder telefoniere mit meiner Kusine.
Manchmal fahren wir in das Schwimmbad. Dann nehmen wir unsere Badesachen
eine Decke unser Picknick und unsere Schwimmtiere mit.
Wir schwimmen planschen tauchen und sonnen uns den ganzen Tag.
Es gibt Kartoffelsalat Brote und Apfelsaft. Abends sind wir dann fix und fertig.

Satzzeichen 2

Sätze können durch die Wörter *weil, denn, aber* oder *dass* verbunden werden.
Sie werden dann durch ein Komma getrennt.

1. Verbinde die beiden Sätze, so wie es dir gefällt. Schreibe sie in dein Heft.
Markiere das Komma farbig.

Meine Oma fährt Roller,	... weil sie sich wohl fühlt.
Meine Freundin liest dicke Bücher,	... weil sie Langeweile hat.
Unsere Lehrerin tanzt Walzer,	... weil sie Hunger hat.
Unsere Nachbarin wäscht ihren Hund,	... weil sie damit schneller ist.
Meine Mutter schmiert ein Brot,	... weil sie abnehmen will.
Meine Kusine singt in der Badewanne,	... weil sie neugierig ist.

2. Du kannst deine Sätze auch mit denn verbinden.
Schreibe diese Sätze auch in dein Heft. Achte dabei auf das Verb.
Markiere das Komma farbig: *Meine Oma fährt Roller, denn sie will abnehmen.*

3. Schreibe mit jedem Satzanfang zwei Sätze. Schreibe sie in dein Heft.
Markiere das Komma und das Wort aber farbig.

Mein Vater wollte einen Film sehen, aber	... er musste husten.
Robert wollte ein Brot essen, aber	... es fing an zu regnen.
Tim wollte zum Fußballplatz, aber	... eine Spinne krabbelte über seinen Kopf.
Mein Onkel wollte schlafen, aber	... der Strom fiel aus.
Ole wollte Milch trinken, aber	... das Telefon klingelte.
Simon wollte am Computer spielen, aber	... er hatte keine Zeit.

Für das Wort *dass* braucht man viel Übung, um zu spüren, wann es so geschrieben werden muss. Auf jeden Fall steht immer ein Komma vor dem *dass.*

4. Schreibe mit jedem Satzanfang zwei Sätze in dein Heft.
Markiere das Komma und das Wort dass farbig.

Ich weiß, dass ...	Weißt du, dass ...	Ich will, dass ...
Stimmt es, dass ...	Ich möchte gerne, dass ...	Wer sagt, dass ...
Ich kann nichts dafür, dass ...	Er sagt, dass ...	Ich freue mich, dass ...